María E. Vega Ocaña
Ángeles Parra Trujillo

APULEYO EDICIONES   FOMENTO DE VALORES   CUENTOS ILUSTRADOS

Purpurín descubre las emociones

APULEYO EDICIONES   FOMENTO DE VALORES   CUENTOS ILUSTRADOS

A mis hijos, Elián, Elvira y David, quienes inspiran tanto este como todos los "cuentos de voz". A mi madre, María Dolores Ocaña Gutiérrez, allá donde esté, que me lo ha dado todo; sin ella no sería quien soy.

Gracias a toda mi familia por creer en mí y empujarme a escribir, a Menchu Sales, sin la que Purpurín no habría salido del huevo, y a Ángeles Parra, sin la que, definitivamente, no habría echado a volar.
María E. Vega Ocaña

A mi familia, por animarme y acompañarme en todos mis proyectos y a María, por confiar en mí.
Ángeles Parra Trujillo

Había una vez un pajarito que se llamaba Purpurín.

Purpurín era muy pequeñito, así que todavía no podía volar.

Un día llegó su mamá volando hacia el nido para traerle comidita y él quiso volar como ella, así que la imitó abriendo bien sus alas y agitándolas fuertemente, pero Purpurín no consiguió volar.

Entonces, se puso muy triste y empezó a llorar. Al verlo tan triste, su mamá le dijo:

-No te preocupes, pajarito mío. No puedes volar porque todavía eres demasiado pequeño. Solo debes tener paciencia y practicar todos los días.

Así que, al día siguiente, Purpurín lo intentó de nuevo.

Y al otro...

Y al otro también...

Hasta que, por fin, un buen día, nuestro amigo salió volando. En ese momento sintió una alegría infinita y voló feliz por el cielo. Desde allí arriba podía observar la naturaleza como nunca antes lo había hecho.

De repente, apareció un águila enorme, que volaba por encima de él. Se le acercó y le dijo:

–Hola, pajarito, ¿es eso todo lo que puedes hacer? ¿No puedes volar tan alto como yo? –y comenzó a reírse a carcajadas de Purpurín.

En ese instante, nuestro pajarito comenzó a sentir una gran rabia en su interior y decidió hablarle al águila con valentía:

-No seas abusón, águila, ¿es que no has visto que soy todavía un pájaro muy pequeño?

Y el águila, avergonzado, se alejó de Purpurín.

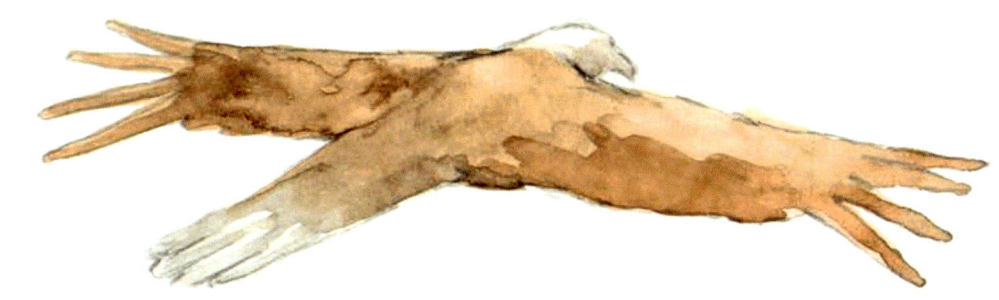

De este modo, nuestro amigo siguió volando felizmente, disfrutando de la nueva naturaleza que iba descubriendo a su paso.

De pronto escuchó un fuerte rayo a lo lejos
y, de inmediato, comenzó a llover.

Purpurín se asustó muchísimo y empezó a llorar porque, claro, tenía mucho miedo.

Por suerte, apareció su mamá y
lo cobijó bajo sus alas.

Se lo llevó a un árbol cercano y los dos allí pudieron protegerse de la lluvia.

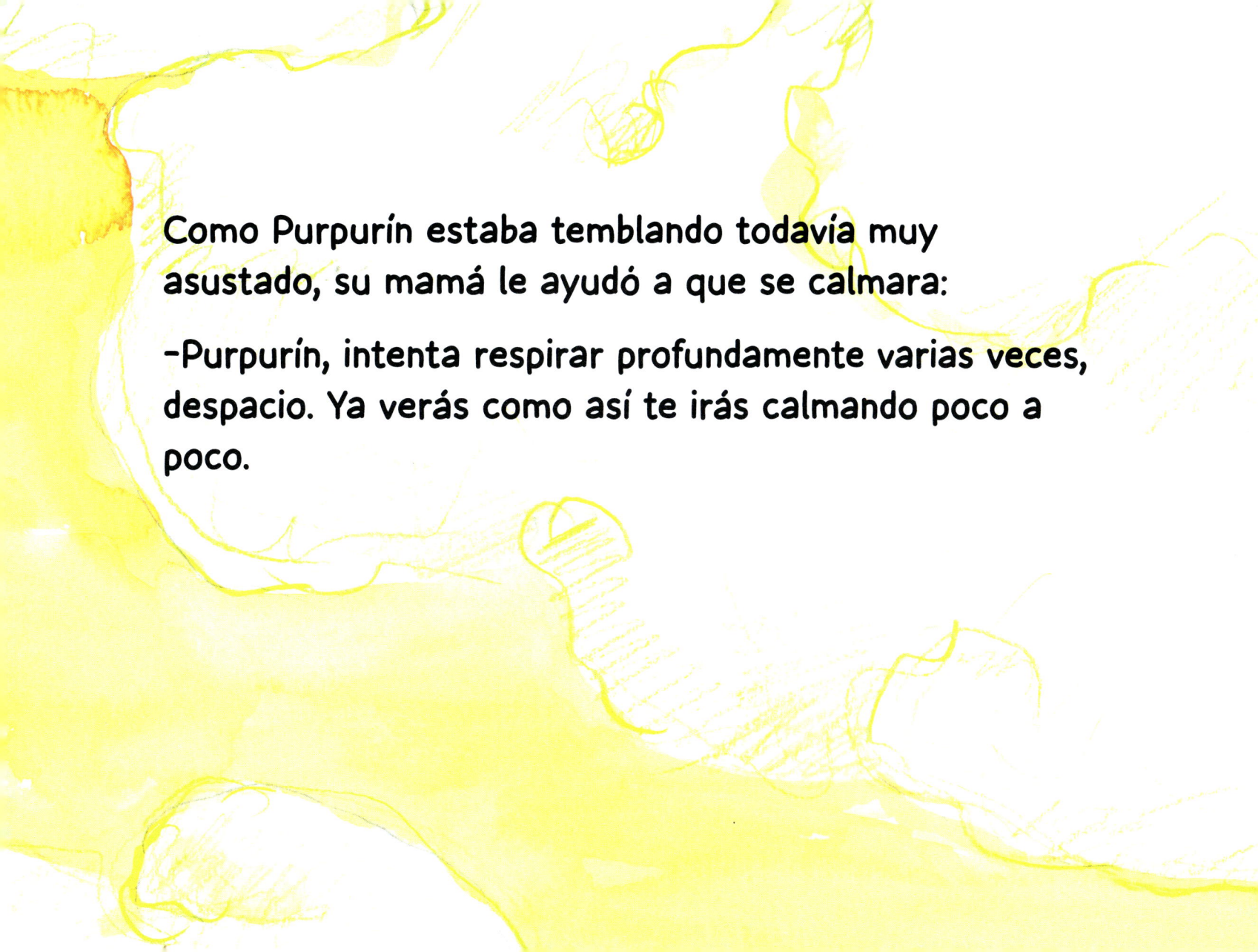

Como Purpurín estaba temblando todavía muy asustado, su mamá le ayudó a que se calmara:

—Purpurín, intenta respirar profundamente varias veces, despacio. Ya verás como así te irás calmando poco a poco.

De este modo, nuestro pajarito hizo caso a su mamá y se fue recuperando.

Cuando por fin se calmó, le dio las gracias a su mamá y ambos se dieron un fuerte abrazo y un beso de verdadero amor.

Aquel había sido, sin duda, un emocionante día para nuestro amigo. ¿Quién sabe cuántas emociones le quedan por descubrir?

Y colorado, colorín, aquí se acaba el
cuento del pajarito Purpurín.

Elvira 9 para 10 años

ELIÁN R.V.
8 años

ELVIRA 6
AÑOS

LAIA. R. P.
12 AÑOS

ACUARELA

GRAFITO

3B

© María E. Vega Ocaña y Ángeles Parra Trujillo (de la obra)
©Apuleyo Ediciones (de esta edición)
Primera edición en Apuleyo Ediciones: diciembre 2024
Diseño de cubierta: Vicente Mendoza Paz
Corrección: Aitor Andreu Guerrero
Maquetación: Vicente Mendoza Paz
Ilustraciones: Ángeles Parra Trujillo
Coordinación editorial: Isidoro Cidre González
info@apuleyoediciones.com
www.apuleyoediciones.com
ISBN: 978-84-1060-363-9
Depósito legal: H 432-2024

Hecho e impreso en España.